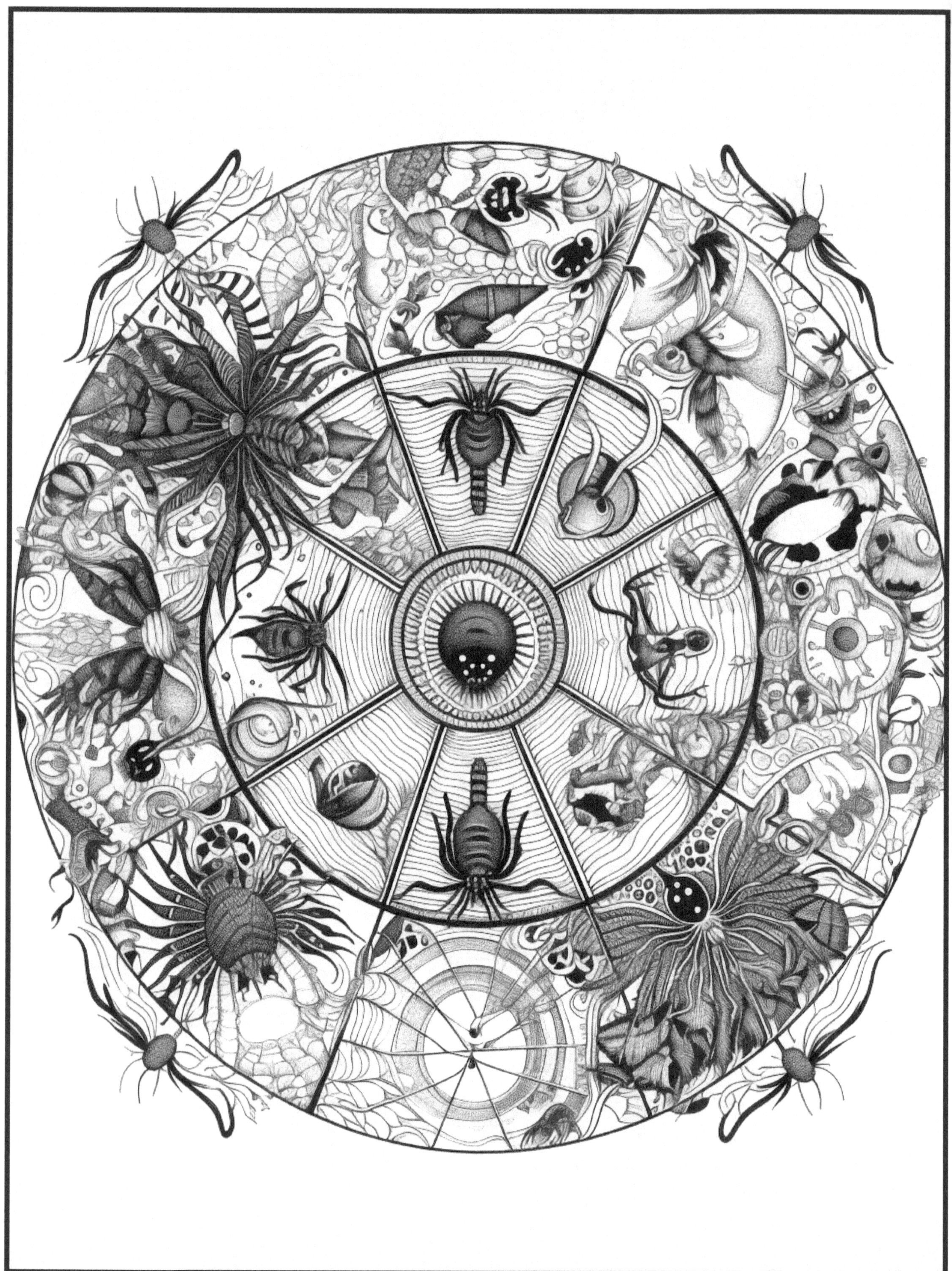

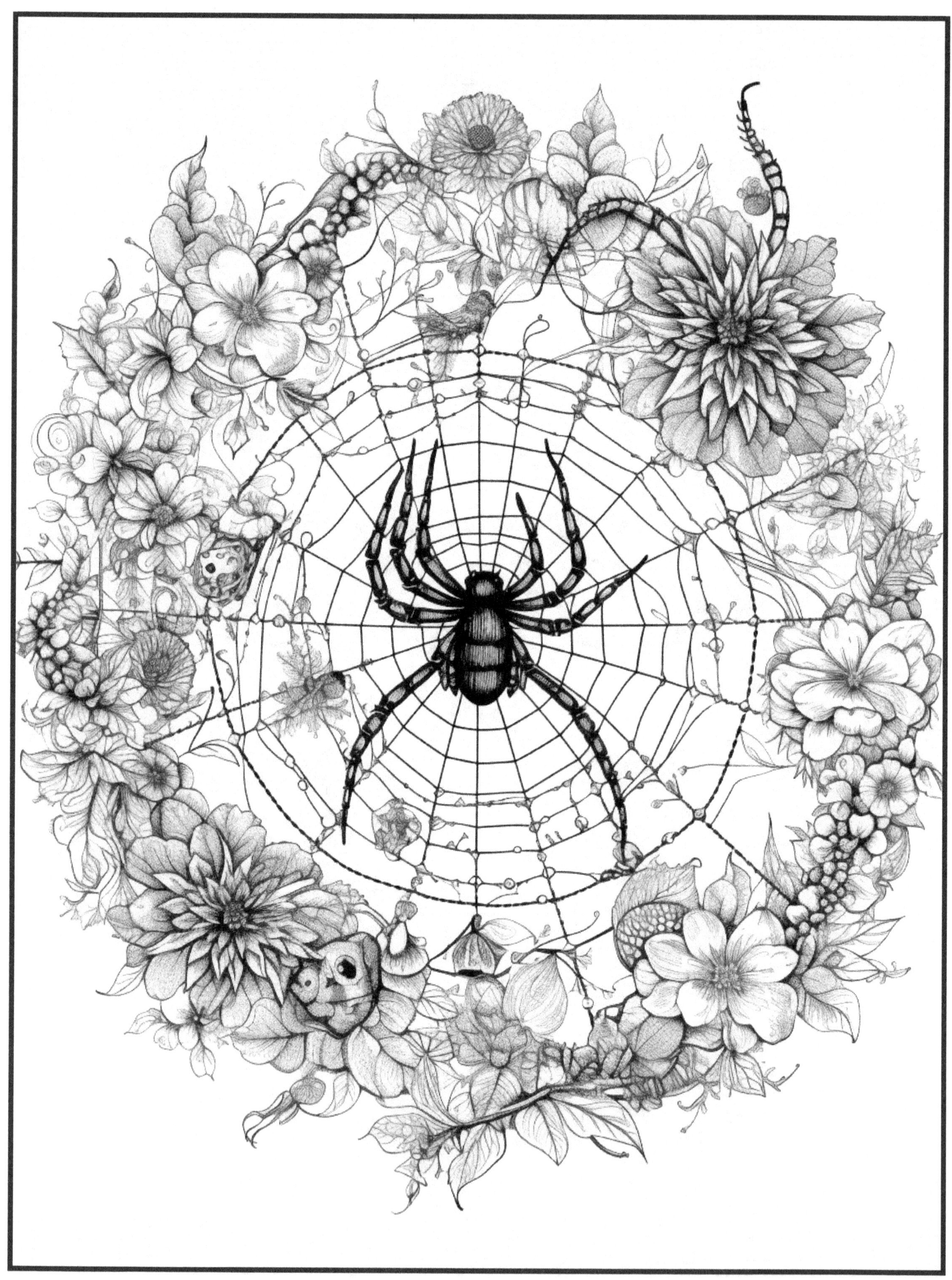

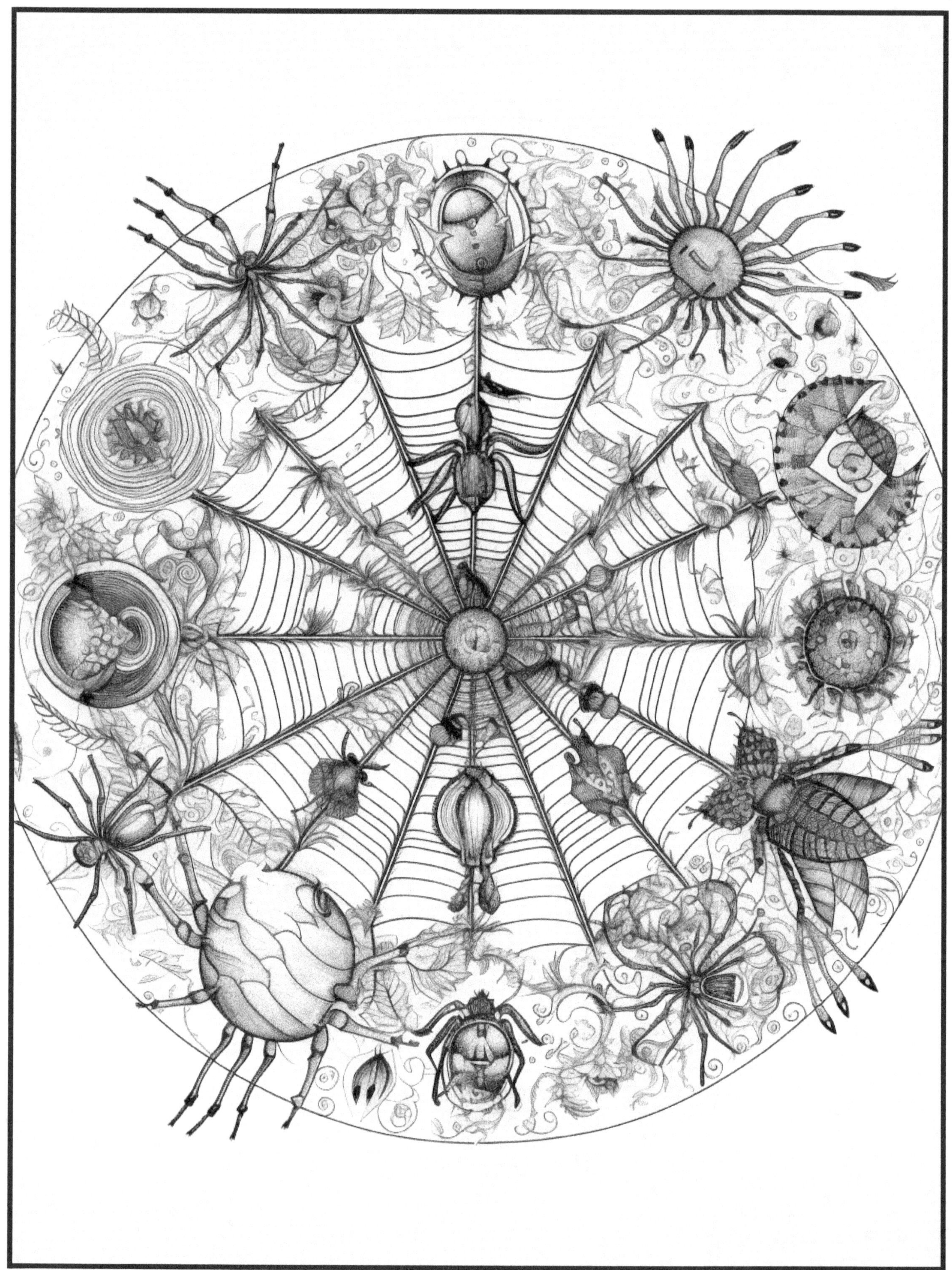

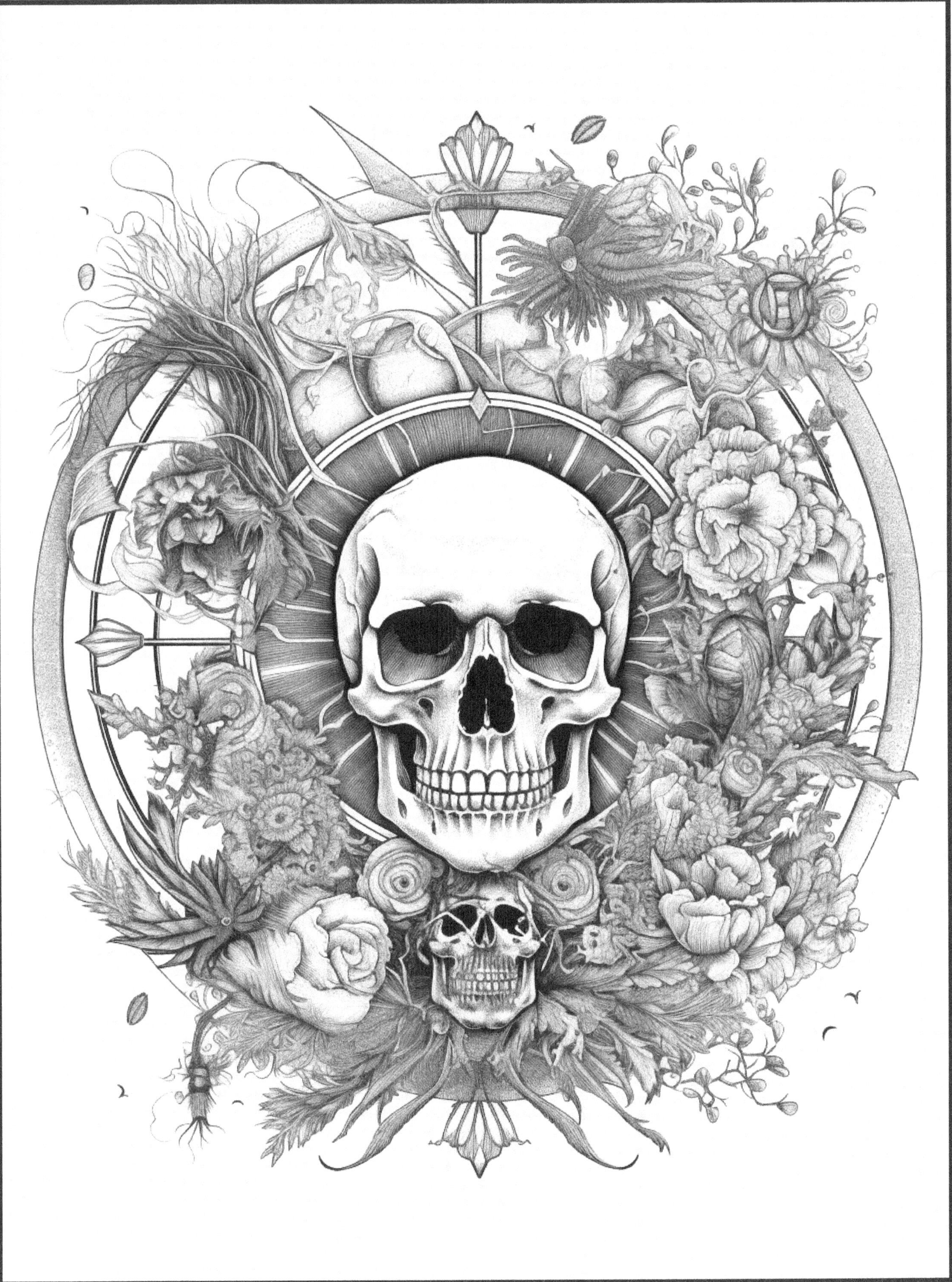

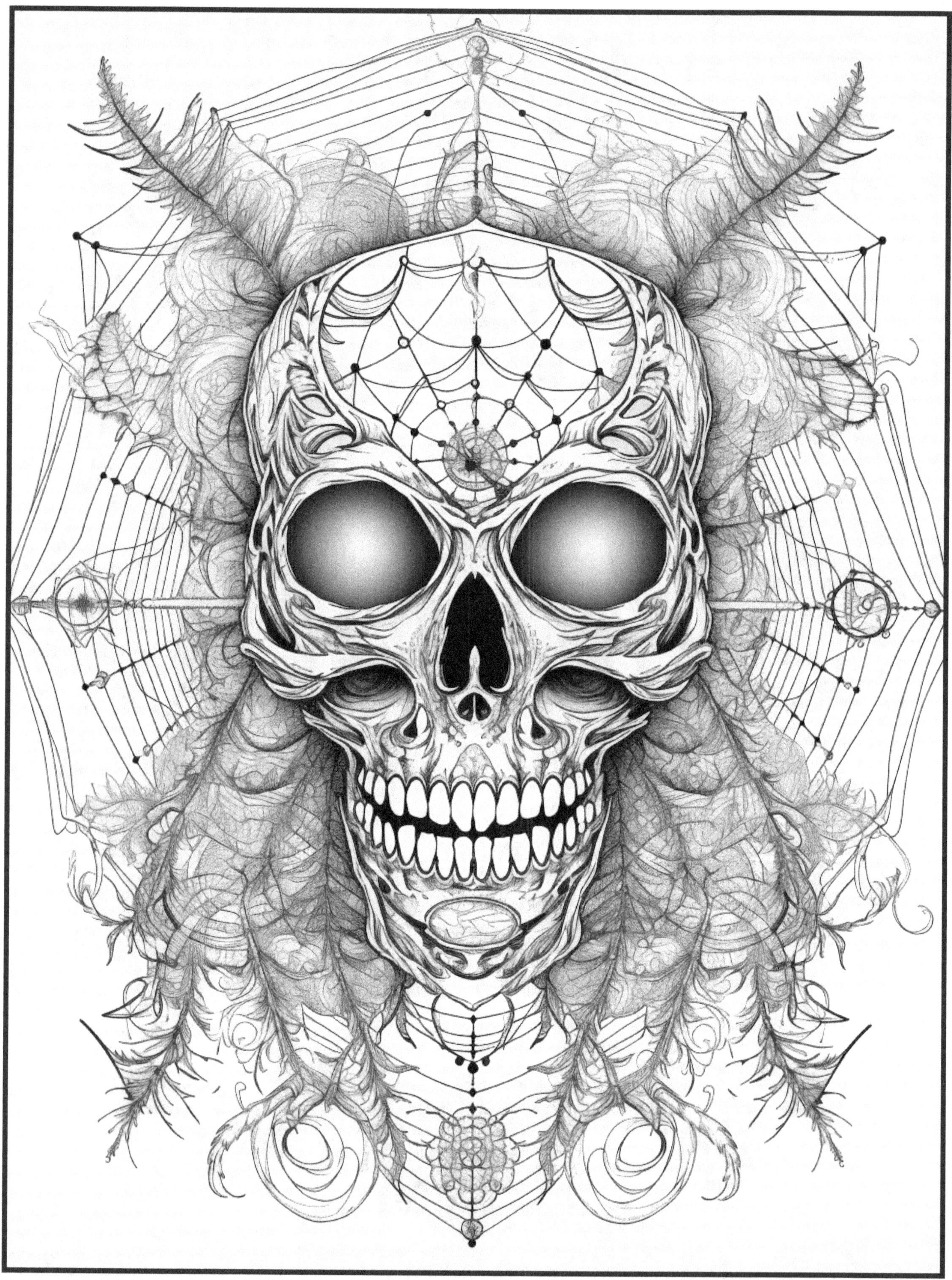

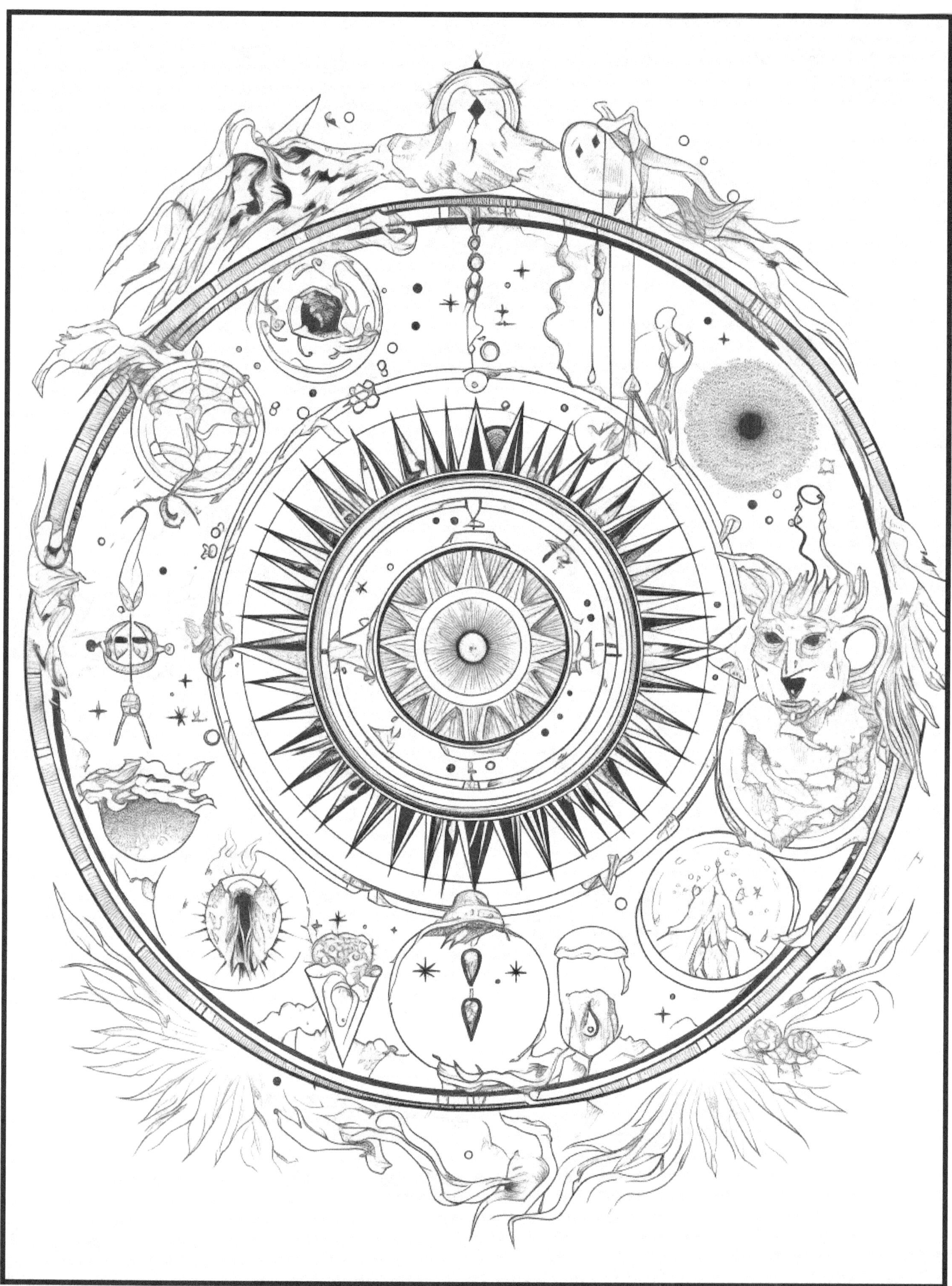

Impressum:

Else Nocki
else.nocki@gmx.de
Impressum: Unabhängig veröffentlicht
© 2024 Alle Rechte vorbehalten
ISBN:9798336894820
S.Schopbach
Auf der Höhe 20
50354 Hürth